Figuras da história

FUNDAÇÃO EDITORA DA UNESP

Presidente do Conselho Curador
Mário Sérgio Vasconcelos

Diretor-Presidente
Jézio Hernani Bomfim Gutierre

Superintendente Administrativo e Financeiro
William de Souza Agostinho

Conselho Editorial Acadêmico
Danilo Rothberg
Luis Fernando Ayerbe
Marcelo Takeshi Yamashita
Maria Cristina Pereira Lima
Milton Terumitsu Sogabe
Newton La Scala Júnior
Pedro Angelo Pagni
Renata Junqueira de Souza
Sandra Aparecida Ferreira
Valéria dos Santos Guimarães

Editores-Adjuntos
Anderson Nobara
Leandro Rodrigues

Jacques Rancière

Figuras da história

Tradução
Fernando Santos

© 2012 Presses Universitaires de France
© 2018 Editora Unesp

Título original: *Figures de l'histoire*

Direitos de publicação reservados à:

Fundação Editora da Unesp (FEU)
Praça da Sé, 108
01001-900 – São Paulo – SP
Tel.: (0xx11) 3242-7171
Fax: (0xx11) 3242-7172
www.editoraunesp.com.br
www.livrariaunesp.com.br
atendimento.editora@unesp.br

CIP-Brasil. Catalogação na publicação
Sindicato Nacional dos Editores de Livros, RJ

R156f

Rancière, Jacques
    Figuras da história / Jacques Rancière; tradução Fernando Santos. – 1.ed. – São Paulo: Editora Unesp, 2018.

    Tradução de: Figures de l'histoire
    ISBN: 978-85-393-0746-3

    1. Filosofia. 2. Arte e filosofia. 3. Percepção temporal. I. Santos, Fernando. II. Título.

18-50646   CDD: 109
                                        CDU: 1(09)

Editora afiliada:

Asociación de Editoriales Universitarias
de América Latina y el Caribe

Associação Brasileira de
Editoras Universitárias

O editor agradece a Aliocha Wald Lasowski
pelo auxílio na composição deste livro
[nota da edição francesa]

Sumário

Nota do autor 9

O inesquecível

1 Diante da objetiva 13
2 Atrás da janela 23
3 O limiar do visível 33
4 Em face do desaparecimento 43

Sentidos e figuras da história

1 Dos quatro sentidos da história 55
2 História e representação: das três poéticas da humanidade 63
3 Das três formas de pintura histórica 71

Filmes citados 81

Os dois textos reunidos aqui pertencem a um único projeto. Ambos foram escritos por ocasião da exposição *Face à l'Histoire* [Em face da História], organizada em 1996 no Centro Georges Pompidou. O ensaio "Sentidos e figuras da história" foi solicitado pelo curador da exposição, Jean-Paul Ameline, para integrar o catálogo. Paralelamente, a biblioteca pública do Centro organizou a projeção de uma série de documentários sobre o mesmo tema. E foi nesse contexto que Sylvie Astric me encomendou o texto "O inesquecível", reunido com um ensaio de Jean-Louis Comolli no livro *Arrêt sur Histoire* [História em foco], publicado em 1997 na coleção "Supplémentaires", pela editora do Centro Georges Pompidou. Agradeço à editora por ter autorizado a reedição desses textos, há algum tempo inacessíveis, no presente volume.

J. R.

O inesquecível

1
Diante da objetiva

É uma imagem do início do século XX em São Petersburgo: ao mesmo tempo comum e extraordinária. A família imperial passa, escoltada por oficiais e dignatários. Um oficial faz um gesto autoritário em direção à multidão que se encontra na calçada: convém descobrir a cabeça diante do czar. A voz do comentarista se eleva: gostaria que essa imagem não fosse esquecida.

O que Chris Marker quer nos dizer colocando essa imagem no início do filme *Elegia a Alexandre*? Que o povo era oprimido e humilhado na Rússia do início do século XX e que não podemos nos esquecer, na hora do acerto final com a era comunista, de como era antes dela e o que justificou o seu advento? O crítico responderá *in continenti* que os males de anteontem não justificam os de ontem, que, aliás, foram piores. Daquilo que foi não se deduz nada que legitime o que é. Ou melhor, essa conclusão pertence unicamente ao campo da retórica. Só ali as imagens bastam como prova. Em outros campos, contentam-se em mostrar e registrar. A imagem do general Orlov e seus homens impondo respeito à multidão não diz: os bolcheviques tinham certa razão e desculpa. Ela diz menos e mais: isso aconteceu, pertence a uma história, é história.

Isso aconteceu. Nosso presente não é vítima do ceticismo, como às vezes se diz com certo ar de superioridade, mas da negação. Se a provocação que nega os campos de extermínio nazistas resiste e até avança, é porque está em sintonia com o espírito do tempo, o espírito do ressentimento: não simplesmente o ressentimento com os ideais do homem novo nos quais se acreditou, com aqueles nos quais fizeram você acreditar, com aqueles que os arruinaram e causaram a perda da fé. O ressentimento, diz Nietzsche, tem como objeto o próprio tempo, o *es war: isso aconteceu*. Ele não quer mais saber desse passado do futuro que também é um futuro do passado. Não quer mais saber desses dois tempos tão hábeis na conjugação de sua dupla ausência. Ele só quer saber do tempo sem mistificação: o presente, e sua conjuntura, tal como ele se calcula infindavelmente, apenas para ter certeza de que ele é tecido única e exclusivamente de real: o tempo dos índices dos quais se espera que aumentem no próximo mês, e das pesquisas que deveriam seguir, um mês depois, a mesma curva. Como ele odeia o tempo da ausência, ele odeia as imagens que são sempre do passado e provavelmente já foram manipuladas pelos profetas medíocres do futuro.

Mas a objetiva não se preocupa com isso. Ela não tem a necessidade de desejar o presente. Não pode deixar de estar ali. É desprovida de memória e de interesse. Sem ressentimentos, portanto. Ela registra o que lhe dizem para registrar: a passagem da família imperial no início do século XX; trinta ou quarenta anos mais tarde, na Praça Vermelha, as pirâmides humanas carregando imagens gigantescas de Stálin e passando diante dele, e ele aplaudindo sua imagem (*O violino de Rothschild*). Essas paradas, abomináveis para nós, não apenas foram autorizadas por um poder, mas foram encomendadas por ele. Assim como outro encomendou, na Indonésia, as imagens das crianças indígenas retorcendo a boca para aprender a língua do colonizador; ou em 1953, em Praga, os rostos em lágrimas diante do retrato de Stálin. A objetiva os capturou com fidelidade. Mas, é claro, como um agente duplo, fiel a dois senhores: o que está atrás dela e comanda ativamente a tomada; o que está na frente dela e controla passivamente a passividade do aparelho. Em Jacarta, ela registrou a maravilhosa atenção da criança, muito mais empenhada em se sair bem do que o operador da câmera (*Mãe Dao*). Em Praga, ela não notou apenas os rostos desolados pela da morte do Pai dos Povos. Notou também o pequeno nicho em que estava a foto, atrás do vidro, parecido com aquele onde se colocavam antigamente, ou futuramente se voltará a colocar, as madonas (*Les mots et la mort: Prague au temps de Staline*).[1] E reproduziu tão fielmente os acusados dos processos de Praga, admitindo e explicando sua culpa, que os filmes tiveram de ir para o armário, subtraídos até mesmo dos que assistiram aos processos e estavam convencidos do que ouviram. O olho mecânico da câmera convoca

---

[1] A tradução dos títulos dos filmes consta na lista que se encontra no fim deste volume. (N. E.)

o "artista honesto" (Epstein) e desmascara quem só aprendeu seu papel para um público específico.

Isso aconteceu. Isso pertence a uma história. Pois, para negar o que aconteceu, como os negacionistas continuam a nos mostrar, nem é preciso suprimir muitos fatos, basta tirar o elo que os perpassa e os constitui em história. Uma história não é um ordenamento de ações pelo qual houve simplesmente isto e depois aquilo, mas uma configuração que mantém os fatos juntos e permite apresentá-los como um todo: o que Aristóteles chama de *mûthos* – uma trama, um argumento, no sentido que se fala do argumento de uma peça. Entre a imagem do general Orlov e as imagens da epopeia soviética e de seu desastre não existe nenhum elo de causalidade que legitime o que quer que seja. Existe apenas uma história que pode incluir legitimamente tanto uma como outra. Por exemplo, a história intitulada *Elegia a Alexandre*, que junta todo tipo de imagens à imagem oficial do cortejo principesco: imagens recuperadas dos filmes de Alexandre Medvedkin que acompanharam de formas diversas as etapas da epopeia soviética – imagens surrealistas de *A felicidade*, cuja superficialidade burlesca, apesar da harmonia do roteiro, parece questionar ironicamente as promessas da felicidade oficial; imagens militantes do cinetrem percorrendo a Rússia para registrar ao vivo e retransmitir imediatamente aos interessados as discussões dos que estavam assumindo o controle das fábricas, terras ou moradias; imagens oficiais "surrealizadas" – ou imagens surrealistas oficializadas? – realizadas para celebrar o trabalho dos arquitetos da *Nova Moscou*; entrevistas com familiares ou pesquisadores que reconstituem a figura e a obra do cineasta; imagens eloquentes da

Rússia atual: festas de uma juventude alegre – e dourada, como o cineasta dá a entender – derrubando estátuas –, pompas religiosas renovadas, parecidas com as que o autor de *Ivan, o Terrível* punha em cena para abarcar com um único olhar a Rússia dos czares e dos popes e a do ditador soviético; imagem enigmática do rosto fechado de um ancião assistindo à cerimônia: Ivan Koslovski, o tenor russo por excelência, aquele que atravessou os tormentos do século cantando, imperturbável, a melodia obscura do mercador indiano de *Sadko* ou os versos de adeus de Lenski em *Eugene Oneguin*:

> Para onde fugiram então, para onde
> Ó, dias felizes da minha primavera?

Isso dá uma história. Mas também uma história de uma determinada época: não mais um simples ordenamento de ações à maneira aristotélica, mas uma disposição de signos à maneira romântica: um ordenamento de signos com significado variável – signos que falam e se ordenam numa trama significante; signos que não falam, apenas sinalizam que ali há material para história; signos que, como o rosto de Koslovski, são indecifráveis – o silêncio de um velho, pensativo como se é nessa idade, ou então o mutismo de uma história bicentenária: a história da Rússia de Púchkin e Tchaikovski na história da Rússia soviética.

Portanto, uma história de uma determinada época, *uma história do tempo da história*. Essa expressão também é suspeita ao espírito da época. Este nos assegura que todas as nossas desgraças decorrem da crença maléfica na história como processo de verdade e promessa de realização. Ele nos ensina a separar a tarefa do historiador (fazer *a história*) da miragem ideológica segundo a qual os homens ou as massas tiveram de *fazer história*. Mas será que essa separação cômoda não oculta o que faz a particularidade da nossa imagem: a maneira como os príncipes passando e a multidão deixada de lado compartilham a mesma luz e a mesma imagem? E talvez seja isso, simplesmente, a "era da história". Outrora, no tempo da pintura histórica, pintava-se a imagem dos grandes e suas ações. Sem dúvida, a multidão e os humildes podiam estar presentes na tela. É difícil imaginar um general sem tropas e um rei sem súditos. Às vezes, o herói se dirigia a eles. Outras vezes, os papéis se invertiam e o velho soldado reconhecia com emoção aflita seu general, Belisário, no mendigo acocorado a seus pés. Mas nem por isso havia uma comunhão de destino entre o homem glorioso sujeito aos infortúnios da glória e o homem "infame", excluído da sua ordem; entre os generais caídos em desgraça e aqueles seres que logo de cara "afundaram no anonimato" (Mallarmé). A imagem do velho soldado podia dividir a tela com a de Belisário. Mas ele não compartilhava a história de grandeza e decadência do honesto Belisário. Essa história pertencia aos semelhantes de Belisário, aos quais devia recordar duas coisas que só interessavam a eles: que a fortuna é inconstante, mas a virtude jamais falta a quem a cultivou. Chamávamos de "história" a coletânea desses grandes exemplos, dignos de se aprender, representar, ponderar, imitar. Cada um ensinava apenas a sua própria lição, sempre igual através dos tempos, e destinada aos que tinham vocação para deixar a lembrança de suas ações e, portanto, para extrair exemplos dos fatos memoráveis dos outros homens de memória.

Quanto à fotografia do general Orlov, ela proporciona um ensinamento de natureza inteiramente diversa. Justamente porque não foi feita para oferecer o que quer que seja à ponderação ou imitação. Quem a tirou não pretendia lembrar o respeito devido aos príncipes. Ele a tirou porque é normal fixar tudo o que fazem os grandes em representação, e porque a máquina o faz automaticamente. O problema é que a máquina não faz diferença. Ela não sabe que existem pinturas de gênero e pinturas históricas. Considera grandes e pequenos da mesma maneira, apanha todos juntos. Não os torna iguais em virtude de uma vocação qualquer da ciência e da técnica para assegurar a aproximação democrática das condições nobres e desprezíveis. Ela simplesmente permite que eles compartilhem a mesma imagem, uma imagem de igual teor ontológico. Porque, para que ela mesma exista, é preciso que eles tenham algo em comum: o pertencimento a um mesmo tempo, justamente aquele que denominamos história – um tempo que não é mais o simples receptáculo indiferente das ações memoráveis, destinadas aos que devem ser memoráveis por sua vez, mas o tecido mesmo do agir humano em geral; um tempo qualificado e engajado, que traz promessas e ameaças; um tempo que iguala todos que lhe pertencem: os que pertencem e os que não pertencem à ordem da memória. A história sempre foi história apenas daqueles que "fazem história". O que muda é a identidade dos "fazedores de história". E a era da história é aquela em que qualquer um pode fazê-la, porque todos já a fazem, porque todos já são feitos por ela.

A história é o tempo em que aqueles que não têm o direito de ocupar o mesmo lugar podem ocupar a mesma imagem: o tempo da existência material daquela luz comum de que fala Heráclito, daquele sol juiz do qual não se pode escapar. Não se trata de "igualdade de condições" diante da objetiva. Trata-se do duplo controle ao qual a objetiva obedece, o do operador e o do seu "tema". Trata-se de uma determinada partilha da luz, aquela cujos termos Mallarmé procurara fixar, alguns anos antes da nossa imagem, num texto extraordinário intitulado "Conflito": conflito entre o poeta e aqueles intrometidos – os operários da estrada de ferro, atordoados com as libações do domingo, que lhe "bloqueiam, com seu abandono, a noite distante"; conflito interior também quanto ao papel que cabe ao poeta de não transpor de maneira inadequada a "carnificina da catástrofe", da qual ele deve "compreender o mistério e avaliar a responsabilidade".

"As constelações começam a brilhar: como eu gostaria que, em meio à escuridão que percorre o rebanho cego, se fixassem também pontos de claridade, como o pensamento de ainda há pouco, apesar de esses olhos cerrados não os distinguirem – pelo fato, pela exatidão, para que ele seja dito." O poeta francês queria roubar do brilho dos astros a luz adequada não apenas para iluminar os rostos operários, mas para consagrar a estadia comum. A esse sonho, como a todo sonho, um filósofo alemão já havia respondido, algum tempo antes, do seu jeito irônico: "A humanidade só se coloca os problemas que pode resolver". Fixar pontos de luz nos seres mergulhados no anonimato, isso já é feito tecnicamente, comumente, e isso se chama fotografia: escrita de luz, entrada de vida na luz comum de uma escrita do memorável. Mas o poeta idealista, sonhando com os novos "ofícios" da comunidade, talvez tenha enxergado melhor do que o filósofo materialista da luta de classes a questão central: a própria luz é objeto de partilha, ela só é comum de maneira conflituosa. Na mesma chapa fotográfica estão registradas a igualdade de todos diante da luz e a desigualdade dos pequenos à passagem dos grandes. É por isso que podemos ler nela o que nem fazia sentido procurar no quadro de Belisário mendigando: a comunhão de dois mundos no próprio gesto da exclusão; a separação desses dois mundos na comunhão de uma mesma imagem. É por isso que podemos também ver nela a comunhão de um presente e de um futuro, aquele que Mandelstam, em 1917, celebrará em dois versos deliberadamente ambíguos:

> Você se levanta em anos sombrios
> Sol, juiz, povo.

Mas a sentença de luz não é apenas, como queriam alguns, a história dos novos mitos do sol vermelho e da sua catástrofe sangrenta. Pode ser, mais simplesmente, a "justiça" que as imagens de *Mãe Dao* restituem aos colonizados de um passado recente. Os colonizadores holandeses fizeram essas imagens na Indonésia para celebrar a sua obra civilizadora. Na floresta onde viviam seres selvagens, erguia-se uma colônia industrial fervilhante, na qual seus filhos adquiriam competências, dignidade e salário extraindo e dando forma ao metal. Na escola e nos dispensários, crianças e adultos se submetiam à instrução que os educava, à higiene das duchas, à vacina que salvava seus corpos e aos sinais da cruz que salvavam suas almas. Vincent Monnikendam organizou essas imagens de outro modo. E o grande princípio desse reordenamento não é mostrar a face sombria de opressão dessa aposta civilizatória, deslocar a "felicidade" registrada em imagens pelo colonizador para a infelicidade e a revolta do colonizado. E não há dúvida de que a voz poética em *off* que acompanha as imagens exprime a dor da terra e de uma vida que anseia retomar "o curso dos seus pensamentos". Mas esse acompanhamento é menos o contraponto de dor do que a manifestação de uma capacidade de exprimir a situação, de transformá-la em ficção. E o que ela acompanha na tela é uma modificação ínfima e decisiva na aparência dos rostos e das atitudes dos colonizados, na "felicidade" que demonstram: surpresos com esses exercícios impostos, reagem com atenção, com certo orgulho de jogar o jogo da forma mais perfeita possível, diante da lousa da escola ou do ferro da forja. Afirmam tranquilamente a mesma aptidão para todas as aprendizagens, todas as regras e todas as contorções, a mesma inteligência. E diante do rosto da garotinha que se empenha em soletrar corretamente a língua do mestre, ressurge o eco de um momento de sentimentalismo do ironista Karl Marx, evocando as reuniões da Liga dos Justos e celebrando a "nobreza da humanidade" que brilha nos rostos "endurecidos pelo trabalho". É o mesmo tipo de nobreza que faz brilhar o olho da câmera manejada pelo colonizador. Consciente e inconscientemente. Voluntariamente e além do pretendido.

2
Atrás da janela

O cinema, diz Oliveira, citado por Godard, é "uma saturação de signos magníficos que se banham na luz da sua falta de explicação". É uma bela frase, mas precisa ser completada. Pois a falta de explicação só é magnífica como abandono ou suspensão de explicação: suspensão entre dois regimes de explicação. Na verdade, explicar significa duas coisas muito diferentes. Pode ser oferecer o sentido de uma cena, a razão de uma atitude ou expressão. Mas, de acordo com a etimologia da palavra, pode ser permitir que ela exponha a plenitude oculta em sua presença. Ao cortar o fio da razão, confiamos a cena, a atitude, o rosto ao mutismo que lhes confere um duplo poder: parar o olhar na evidência de existência ligada à ausência mesma de razão, desenvolver essa evidência como possibilidade de um outro mundo sensível.

Uma jovem está na janela, absorta na contemplação das varas de feijão derrubadas pelo vento. Ela se vira e pergunta ao médico que está ali em consulta o que ele está procurando – nós não sabíamos que ele estava procurando algo. Dois corpos se roçam na tentativa de pegar um chicote. No dia seguinte, o médico volta. Nada foi explicado. Simplesmente, no vazio de explicações, Flaubert encontrou o modo de mostrar, em vez de uma sala de fazenda normanda, o grande vazio, o "grande tédio" do deserto do Oriente pelo qual ele está apaixonado, aquela infinidade de grãos de areia que se parece com o vazio que mistura indiferentemente os átomos. E desse vazio ele fez o lugar do amor de Charles por Emma. Princípio romântico da significância indeterminada ou da insignificância determinada. O poder absoluto da arte para a qual "Yvetot vale tanto quanto Constantinopla"[1] é possível com base nesse pacto com o insignificante. A esse preço, todo ordenamento de ações vem acompanhado de um encadeamento de imagens que lhe retira a intencionalidade e a iguala à grande passividade do real. A esse preço também, a infelicidade de Charles e Emma é o exato oposto da capacidade de toda vida de ser memorável.

O privilégio da imagem cinematográfica é que ela é "naturalmente" da esfera desse significado indeterminado que, na era da história e da estética, em suma, na era romântica, transforma uma vida banal em matéria de arte absoluta. Flaubert tinha de construir, por meio de uma constante subtração, esse regime de significância insignificante. O cinema, porém, com seu olhar sem consciência, tem o instrumento

---

[1] Parte de uma frase de Flaubert encontrada em sua correspondência, cujo texto integral é: "Il n'y a pas de beaux sujets d'art, Yvetot vaut Constantinople" [Não existem temas belos em arte, Yvetot vale tanto quanto Constantinopla]". Yvetot é uma cidadezinha da Normandia. (N. T.)

que realiza exatamente o conceito romântico da obra como igualdade entre um processo consciente e um processo inconsciente. É por isso que o cinema é a arte "imediatamente" romântica. Ele aplica espontaneamente o princípio desse duplo recurso que lastra todo signo com o esplendor de sua insignificância e a infinidade de suas implicações. Testemunho disso é a Emma Bovary urbana que os jovens cineastas de *Gente no domingo* filmam em 1928, ao estilo do cinema-verdade. O que pensa do bonitão que, como Rodolphe, a arrastou para longe, para debaixo das grandes árvores da floresta, a jovem vendedora que foi à festa campestre para acompanhar a amiga e exibir seu fonógrafo portátil de última geração? Em que pensa a amiga ao quebrar (acidentalmente?) o disco que vimos girar, debaixo do sol, rente aos rostos, sem entendermos nada, é claro, já que o filme é mudo? O que elas pensam desses homens aos quais uma se entregou e a outra se recusou, enquanto trocam um olhar cúmplice no barco de volta? Mas o que pensa uma imagem?

E a história no meio disso? Que relação precisa existe entre o cotidiano cinza ou as pequenas alegrias dominicais das auxiliares de escritório da cidade grande e a vocação do cinema para criar obras históricas na forma conhecida como "documentário"? A relação é esta: a era em que o cinema toma consciência dos seus poderes é também o tempo em que uma nova ciência histórica se afirma diante da história-crônica, a história dos "acontecimentos" que fazia a história dos personagens importantes com a ajuda de "documentos" dos seus secretários, arquivistas e embaixadores, em resumo, com os documentos dos funcionários desses personagens importantes. A essa história, feita com os vestígios que os homens de memória escolheram deixar, eles haviam contraposto uma história feita com os vestígios que ninguém havia escolhido como tais, com os testemunhos silenciosos da vida comum. Eles haviam contraposto ao *documento*, ao texto de papel redigido deliberadamente para oficializar uma memória, o monumento, entendido no sentido primeiro do termo: o que conserva a memória pelo simples fato de existir, o que fala diretamente pelo simples fato de que aquilo não estava destinado a falar – a disposição de um território que dá testemunho da atividade passada dos homens melhor do que qualquer cronologia dos seus atos; um objeto doméstico, um tecido, uma cerâmica, uma estela, a decoração pintada de um baú ou então um contrato entre dois personagens sobre os quais nada sabemos revelam um modo de ser do cotidiano, uma prática do trabalho ou do comércio, um senso do amor ou da morte que está registrado ali, por si só, sem que ninguém tenha pensado nos historiadores do futuro. O monumento é aquilo que fala sem palavras, aquilo que nos educa sem a intenção de nos educar, aquilo que carrega a memória pelo fato mesmo de só ter se preocupado com o seu presente.

Naturalmente, a oposição clara entre o monumento e o documento só se produz para logo se anular. O historiador tem de fazer os "testemunhos silenciosos" falarem, tem de declarar seu significado na língua das palavras. Mas também, aquilo mesmo que foi escrito na língua das palavras e com os instrumentos da retórica, o historiador o relê e o explora, sob o que dizem as palavras, contra o que dizem intencionalmente, o que dizem sem pensar, o que dizem como monumentos. Assim lia Michelet, nos processos verbais das Festas da Federação de julho de 1790, os "monumentos da fraternidade nascente". Mas para ler e nos oferecer a leitura desses "monumentos" de um pensamento comum, ele precisava apagar a retórica dos escritores de aldeia, fazer falar em seu lugar o que eles exprimiam: o espírito do lugar, a força da natureza na época das colheitas, a força das eras e das gerações reunidas, do ancião venerável ao recém-nascido, em torno do nascimento da nação. A nova história, a história "do tempo da história", só afirma seu discurso ao custo da transformação incessante do monumento em documento e do documento em monumento. Ou seja, ela só afirma seu discurso por meio da poética romântica, que opera a conversão constante do significante em insignificante e do insignificante em significante.

Mas, se o cinema em geral é do domínio da poética romântica da dupla significância, entendemos que o cinema "documental" se insere aí de uma maneira bem específica. Sua própria vocação para mostrar o "real" em sua significância autônoma lhe dá – mais ainda que ao cinema ficcional – a possibilidade de jogar com todas as combinações do intencional e do não intencional, com todas as transformações do documento em monumento e do monumento em documento. Para entender o jogo e o alcance do cinema documental, passemos daquela tarde de sol às margens do Wannsee para aquela noite à beira do canal da Mancha, alguns anos mais tarde. O sol está se pondo entre faixas de nuvens e reflexos no mar. De costas, na contraluz, a câmera mostra dois homens sentados num banco, olhando o sol poente e o movimento sem fim das ondas. Eles estão ali, como que paralisados diante desse movimento sempre igual e dessa luz sempre cambiante, como Bouvard na praia das Hachettes, esquecendo-se de Pécuchet e da finalidade da sua excursão de geólogos para contemplar simplesmente o movimento sem fim das ondas que é, talvez, tudo que há para saber da "natureza" e de seus segredos. A câmera, no entanto, se deslocou. Sobre o mesmo fundo marinho, ela apresenta outra silhueta em contraluz. Mas o capacete que a cobre deixa claro que os dois passantes são guardas costeiros ingleses que observam não o mar infinito, mas a chegada sempre possível do inimigo alemão.

O filme se chama *O homem que ouvia a Grã-Bretanha*. É destinado particularmente aos canadenses, e seu objetivo é mostrar, do outro lado do Atlântico, como o povo inglês encara não apenas os alemães, como a sua missão histórica em nome da humanidade. No entanto, o autor, Humphrey Jennings, concebeu de maneira muito singular o trabalho de propagandista do país resistente às bombas inimigas. O filme não mostra nem bombardeios nem destruições. Quando muito aviões-pássaros perturbam a paisagem de um campo fértil que parece saída de um filme de Dovjenko.[2] Quanto aos soldados, eles só aparecem em momentos de lazer: num compartimento de trem, cantando ao som de um violão e de um acordeão uma canção melancólica que fala de uma casa na terra dos gamos e dos antílopes; num salão de baile, dançando; numa sala de espetáculos, onde Myra Hess toca um concerto de Mozart; numa parada de aldeia

---

2 Alexandre Dovjenko, importante cineasta soviético de origem ucraniana (1894-1956), contemporâneo e considerado do mesmo nível de Eisenstein. (N. T.)

ao estilo dos nossos 14 de Julho, na qual eles representam, de certa forma, civis representando soldados, como só se pode representar em tempo de paz. A trama segue assim, de cena em cena, ou de imagem furtiva em imagem furtiva, nos fazendo parar um breve instante diante de uma janela, à noite, atrás da qual um homem com um candeeiro fecha a cortina, diante de crianças num pátio de escola brincando de roda sem evocar nenhum "homem negro",[3] ou diante dos dois expectadores do sol poente, cuja função militar mal temos tempo de descobrir, já que, contra o barulho das ondas, ouvimos uma música alegre que antecipa a sequência do baile.

O que esse filme militante faz para mostrar a missão histórica de um povo tenaz? Ele apresenta o extraordinário da guerra como similar ao ordinário da sua existência pacífica. Se preferirmos, é o equivalente em imagens da oração fúnebre de Péricles, o eterno discurso da Atenas civilizada diante da Esparta guerreira: "Nossa maneira de nos prepararmos para a guerra é a nossa vida sem restrições". Mas o que nos interessa aqui, mais do que a mensagem, é a maneira como ela é construída, como essa construção põe em prática o princípio romântico da mistura dos gêneros. Para mostrar um enfrentamento da história, o cineasta encadeia, como numa justaposição de imagens injustificadas, momentos de repouso ou sonho. Mas esses momentos – um rosto e uma luz vislumbrados atrás de uma janela, dois homens conversando ao pôr do sol, uma canção em

---

[3] Referência a uma brincadeira infantil ("quem tem medo do homem negro?"), na qual as crianças correm para escapar de uma pessoa chamada de "homem negro" ou "homem de preto". (N. T.)

um trem, o rodopio dos dançarinos – têm uma natureza "documental" bem particular. Na verdade, são esses momentos assignificantes que marcam os filmes de ficção. Uma ficção cinematográfica é um encadeamento de sequências finalizadas – à maneira aristotélica da disposição de ações – e de sequências não finalizadas que são como interrupções da ação, momentos de repouso ou sonho. Só que esses momentos "assignificantes" têm uma função muito precisa: o que se deixa apreender na suspensão da ação é simplesmente "a vida", da qual os personagens da ação finalizada recebem o benefício. A estranheza do "documentário histórico" de Jennings é ele ser feito de uma justaposição de interrupções da ficção, de ser uma atestação da realidade construída com o real da ficção, aquele que ela atesta e que a atesta por sua vez. A expressão segundo a qual "a realidade supera a ficção" ganha todo o seu sentido. Só a ficção, pela exigência de seus encadeamentos, é capaz de enfatizar essa suspensão das causas que impõe a realidade. O documentário só alcançará a sua evidência humana imitando-a para além mesmo de sua lógica. É a interpretação ficcional do significante e do assignificante, é sua aplicação cinematográfica no jogo do duplo olhar que faz a força documental da imagem. O cinema fala da história fazendo o inventário dos seus recursos para fazer uma história, no jogo duplo das razões e de suas suspensões. Assim, o puro enigma de um sorriso no rosto da jovem vendedora berlinense pode se transformar na atenção dos guardas costeiros ingleses, na mesma atenção dos militares de licença e dos voluntários civis, na demonstração coletiva da participação nesse destino comum que começa na mesma capacidade de todos de interessar ao mesmo tempo o olhar de um artista e o olho de uma máquina. A vida ordinária que se torna matéria de arte absolutiza-se, o sujeito indiferente que controla passivamente o funcionamento da máquina de luz e o agente histórico que faz ativamente a história comum são identificados.

Então o que impede esse agente qualquer de assumir a câmera e com ela fazer história? Atrás de uma janela de um imóvel de Bucareste, igual a todos os outros, uma mão aciona a objetiva que pega ao longe um cortejo de manifestantes marchando na direção do palácio presidencial (*Videogramas de uma revolução*). Pois, alguns anos antes, o poder romeno começou a estimular a difusão desses aparelhos para que seus compatriotas se ocupassem tranquilamente com o registro de suas pequenas alegrias privadas. Só que a finalidade dessa câmera mudou, e suas imagens vêm confirmar aquelas captadas detrás de outras janelas, convergindo no ponto central em que as imagens da televisão oficial mostram o *Conducator* discursando para o seu público habitual e sendo interrompido pelo espetáculo e pelo barulho dissonante que vêm do fundo da praça. Em Bucareste, naquele mês de dezembro de 1989, dizem Harun Farocki e Andrej Ujica, aconteceu algo inédito: o cinema não registra simplesmente o acontecimento histórico, mas cria esse acontecimento. Acrescentemos que, se ele o cria, talvez seja por seu poder de tornar histórica qualquer aparição por trás de uma janela.

3
O limiar do visível

Mas não é demais adotar comodamente as ilusões do cinema-verdade e a história tal como a imagem que nos é apresentada pelos vencedores? O mesmo Harun Farocki, que mostra o poder histórico dos cineastas amadores de Bucareste, lembra, em outros filmes, que o olhar sincero da câmera só vê o que lhe mandam ver. Se os Aliados não notaram os campos de concentração, embora bem "visíveis" nas fotos aéreas em que procuravam identificar instalações industriais para bombardear, é também porque a janela do visível cinematográfico é, originalmente, um quadro que exclui. Ou melhor, é o limiar entre o que interessa e o que não interessa ver (*Arbeiter Verlassen die Fabrik*). O primeiro filme da história, *A saída dos operários da Fábrica Lumière*, definiu em 45 segundos o destino do cinema, o limiar do que ele devia ver ou não ver. O filme em questão não deixou de repetir o mesmo roteiro. Ele esperou os personagens na saída da fábrica, como o apaixonado por Marilyn em

Só a mulher peca. Nunca se interessou pelo que se dizia lá dentro. E só entrou para filmar falsos operários, gângsteres que queriam roubar o dinheiro do pagamento. É nessa divisão essencial do visível e do invisível, do audível e do inaudível, que se destacam essas sequências históricas, no limite entre dois espaços e dois sentidos que são, por exemplo, as cenas da greve dos estivadores de Hamburgo filmadas por Pudovkin. Vemos o rosto impassível do piqueteiro observando um fura-greve sendo esmagado pelo peso da carga, enquanto outros atrás do portão já esperam para tomar o seu lugar: rostos emaciados e febris colados nas grades, onde já se pode (ou se poderia?) reconhecer, segundo Farocki, o rosto dos prisioneiros dos campos que os militares aliados continuam não percebendo em 1944.

O poder revelador da imagem jamais registra nada além daquilo que já é apresentado pela divisão do visível e do invisível, do audível e do inaudível, do ser e do não ser? Em 1829, na aurora dos tempos socialistas, Pierre-Simon Ballanche escreveu, à luz do presente, a velha narrativa da secessão dos plebeus no Aventino. Ele a transformou num conflito a respeito da visibilidade dos plebeus como seres falantes. Impotente diante de plebeus que teimavam, contra toda evidência perceptiva, em se apropriar de uma palavra que eles não possuíam, o patrício lançou contra eles o seu argumento final: "Sua desgraça é não existir, e essa desgraça é inevitável". Depois de um século e meio de luta para provar essa existência contestada, como não se espantar com as frases que o marxista Franco Fortini lê em seu próprio livro, no terraço ensolarado onde outros dois marxistas, Jean-Marie Straub e Danièle Huillet, instalaram sua câmera?

"No fundo, há apenas uma única notícia dura e terrível: vocês não se encontram onde acontece aquilo que decide o seu destino. Vocês não têm destino. Não têm e não existem. Em troca da realidade, foi-lhes dada uma aparência perfeita, uma vida bem imitada."

Como compreender essas frases terríveis que não se dirigem somente às vítimas dos massacres nazistas, mas a todos aqueles que, como elas, tiveram uma vida decidida por outros, privada de qualquer possibilidade de fazer história (*Fortini/Cani*)? Em 1992, Iossif Pasternak foi à cidade de Efremov, que, para Tchekov, Turgueniev ou Tolstoi, simbolizava o marasmo indefinido da Rússia profunda (*Le fantôme Efremov*). Ao sair da estação ferroviária, ele se deparou com a mesma lama com que se deparou, em fevereiro de 1917, o jovem Constantin Paustovski, enviado por seu jornal para fazer uma reportagem. "Cidade estranha", dissera o jovem ao cocheiro, "não há nada para se ver", provocando a réplica: "Por que diabos você quer que se olhe para ela?". A essa resposta-pergunta do passado faz eco, hoje, a resposta-pergunta dos jovens jornalistas locais, questionados no momento da queda do comunismo: "Por que explicar Efremov a pessoas que nunca estiveram lá e jamais estarão?". E o que mostrar que não seja parecido com esse trabalho e esse marasmo, essa brutalidade e essa cordialidade, essa preguiça e essa resistência que os escritores do passado descreveram centenas de vezes? No número 10 da rua Tchekov, um homem estripa um porco que ele matou. "Por que eles distorcem as palavras?", pergunta, referindo-se aos moscovitas. "Eu nunca distorço nada." Ele esteve na Hungria, em 1956, dentro de um tanque. "Nunca me esquecerei", diz. Mas o que ele nunca esquecerá?

O fato de ter arriscado a pele num país hostil ou a opressão que foi praticar lá? Ou, pura e simplesmente, a equivalência dos dois, o fato de que, assim como os húngaros, ele não era senhor do seu destino? A velha canção que diz que é sempre num lugar distante que se decide o destino dos daqui, onde ninguém jamais é culpado. Mas ele próprio já não tem a réplica que lhe devolve a responsabilidade por seu destino? "Quem de nós vive sem pecado?"

Um país sem história, homens sem destino, desiguais em seu destino. Não é isso que revela o sorriso do velho camponês que entrou no colcoz no primeiro dia, passou dez anos serrando troncos de árvore e diz simplesmente: "Aqui eu vivo e só"? Onde precisamos compreender que a vida é e não é tudo. Não temos então de complicar a frase de Fortini e o marxismo dos Straub? O que esses rostos marcados pelo frio, pelo trabalho ou pelo sofrimento revelam, essas palavras que, entre lembranças do passado e desprezo pelo presente, acabam sempre se concentrando na simples afirmação da vida, não é simplesmente "uma vida bem imitada". É, ao contrário, a equivalência exata entre história e ausência de história. Como podemos dizer, ao ver e ouvir os que conheceram o colcoz e as indústrias químicas de Efremov, os campos da Sibéria ou as intervenções nos países irmãos, que eles suportaram seu destino como pessoas cegas e atrasadas? E um dia vamos ter de acabar com a velha lenga-lenga que diz que os "derrotados" da história são derrotados porque são incapazes de compreender, raciocinam mal ou não sabem se expressar. Porque estão muito distantes, muito enfiados em seus buracos e em suas tarefas para compreender as razões do progresso ou da opressão. Escutemos, por exemplo, os mineiros sardos filmados por Daniele Segre (*Dinamite*). Nas categorias oficiais, eles simbolizam os representantes de uma classe operária arcaica e de um isolamento insular. No entanto, como não ficar impressionado com o domínio que eles têm de sua língua e pela lucidez implacável com que analisam a situação, defendem sua luta e destroem os sofismas oficiais, mas também recuam diante da própria capacidade que demonstram e se condenam a suportar essa falsa necessidade cujas engrenagens eles sabem desmontar?

Tanto em Efremov como em qualquer outro lugar, cada um analisa seu destino, sua justiça e sua injustiça, a parte que tomou e a que não tomou. Adoram fazer frases, sabem responder às perguntas do entrevistador, despistá-las e devolvê-las. Participam da mesma força da língua que separa a vida dela mesma, ultrapassa seu "todo" e a condena a realizar o prenúncio ou a promessa de umas poucas palavras. Acreditam e não acreditam nas palavras da promessa, não sucessivamente, mas simultaneamente. E, se oferecem seu corpo ao escrutínio das palavras amargas de Tchekov ou Turgueniev, é porque os conhecem e querem mostrar que os conhecem. De modo que não se sabe mais se Tchekov, Turgueniev ou Gontcharov estavam certos quanto à perenidade da vida russa, condenada a ser sempre idêntica a si mesma, sempre idêntica a uma "vida bem imitada", ou se o próprio movimento dessa vida, sua maneira de ser igual ao agir e ao sofrer a história, é imitar seus escritores, ser idêntico às palavras dos mestres da língua.

O sofrimento dessas vidas não é a frivolidade das palavras que, como todos sabem, é comparável a seu esplendor. Seu sofrimento é ver ignorado o pacto imposto pelo falar. Diante do entrevistador que quer ouvir os velhos evocando os tempos soviéticos, a velha camponesa repete obstinadamente o que ninguém lhe pediu que dissesse, o que não para de dizer sem jamais obter uma resposta, a única coisa que quer: um canto com uma janela. "Por que vocês não respondem? Por que perguntam sem parar e nunca respondem?" Os olhos do camponês veem com clareza, dizia-se nos tempos maoístas. O que os olhos da camponesa de Efremov veem é essa estranha democracia do olho e do ouvido mecânico que vão a toda parte, tratam com a igualdade de luz os grandes e os pequenos, dão rosto, voz e palavra aos anônimos, mas nunca respondem às suas perguntas. É o pacto de opressão entre os que sempre perguntam e os que nunca respondem, nunca consideram em sua igualdade os seres falantes aos quais os primeiros "dão" a palavra.

É aqui que se impõe novamente o marxismo das palavras de Fortini e da câmera de Straub. Desde que seja separado do sociologismo cientificista que acredita que a vida sofre por ignorância e o abandono traz naturalmente essa ignorância consigo. Saber "que o conflito de classes é o último dos conflitos visíveis porque é o primeiro em importância" (Fortini) não é medir a ignorância e o conhecimento, é medir o ser e o não ser. É interrogar o visível a respeito de sua divisão. A palavra dada pela câmera às camponesas de Efremov as devolve ao seu não ser, no mesmo instante em que ela manifesta a sua dignidade histórica. Ela insere a palavra das camponesas na semelhança consigo mesma de uma paisagem de planície, neve e isbás.[1] A igualdade romântica do significante e do

---

1 Cabana rústica típica de certas zonas do norte da Europa e da Ásia, em especial da região da Rússia. (N. T.)

insignificante, do mudo e do falante é a igualdade da troca incessante de soma zero que dá voz às rugas do rosto ou ao relevo do solo para tornar surdas as vozes e mudas as palavras. O brilho que a máquina de fazer ver e fazer ouvir dá a cada vida, ela o faz imediatamente seu. Assim, fazer história depende de uma arte consciente da sua distância radical em relação àquilo que a parodia: a máquina do mundo que torna tudo igualmente significante e insignificante, interessante e desinteressante, essa máquina da informação e da comunicação que, em suma, realiza a antiga equivalência sofística do ser e do não ser. Onde o não ser se alojaria, já que tudo é visível? A resposta é que é justamente essa visibilidade indiferente o que remete a quase totalidade da humanidade ao não ser ou à ausência de história: "Isso tudo quer nos convencer de uma única coisa: não existe perspectiva, não existe escala de prioridades. Você tem de participar dessa paixão fictícia como já fez com outras paixões aparentes. Não pode ter tempo de respirar. Deve se preparar para esquecer tudo, e rápido. Tem de estar disposto a não ser nem querer nada" (Fortini).

Combater a anestesia niilista trazida pelo jogo duplo da imagem falante e da palavra dada nos obriga a suspender esse duplo poder da imagem que fala através do seu sentido e da sua insignificância. Ele nos obriga a nos desviar da evidência desses corpos que dão brilho aos seus sofrimentos e às suas palavras, a separar as palavras do que elas revelam, as imagens do que elas dizem. Ao argumento de Franco Fortini (o entusiasmo da *intelligentsia* italiana de 1967 pela causa israelense vive da ocultação do passado fascista, da ocultação da cumplicidade fascista com o processo de extermínio, da ocultação das vítimas enterradas em solo italiano), a câmera de Jean-Marie Straub e Danièle Huillet não acrescenta nenhuma imagem documental da Guerra dos Seis Dias, nenhuma imagem de arquivo dos massacres de Marzabotto e Vinca no outono de 1944.[2] Diante das palavras do escritor, não se vê nenhum corpo torturado, mas, ao contrário, sua ausência, sua invisibilidade. Do terraço em que Fortini relê seu texto, retirando-o novamente do silêncio das páginas escritas, a câmera se desloca para os locais dos massacres, as colinas silenciosas esmagadas pelo sol, os vilarejos desertos onde somente as palavras das placas comemorativas recordam, dizem, sem mostrar, o sangue que manchou essas terras indiferentes. À loquacidade da poética romântica e à visibilidade exagerada da máquina de informação-mundo devemos contrapor a solidão da palavra, a única ressonância que enfrenta o mutismo da terra, que não diz nem mostra nada. Gilles Deleuze:

> É preciso sustentar que a palavra cria o fato, coloca-o de pé, e ao mesmo tempo que o fato silencioso é coberto pela terra. O fato é sempre a resistência entre o que o ato de falar arranca e o que a terra enterra. É um ciclo do céu e da terra, da luz exterior e do fogo subterrâneo e, principalmente, do sonoro e do visual, que não reconstitui jamais um todo, mas constitui a cada vez a separação das duas imagens, ao mesmo tempo que o novo tipo de relação entre elas,

---

[2] Massacres cometidos pelas tropas nazistas, em represália ao apoio da população de Marzabotto e Vinca aos resistentes antifascistas. Em Marzabotto, morreram 770 pessoas e, em Vinca, toda a população de 174 pessoas. (N. T.)

uma relação de incomensurabilidade bastante precisa, não uma ausência de relação. (*A imagem-tempo*)

Não há dúvida de que poderíamos questionar os cineastas e atazanar seu intérprete a respeito da exata medida dessa "relação bastante precisa". O que nos é dado ver, em vez dessa tela-cérebro ou quadro de informações conceitualizado por Deleuze, é um jogo entre a busca da relação e sua antecipação. Em suma, algo que recorda esse eco, esse *Anklang* musical que caracteriza a arte simbólica, ou seja, o início da arte, em que a significação ainda busca sua forma sensível, e esse fim em que ela sabe que nenhuma forma sensível lhe corresponderá, que todas são igualmente disponíveis e inessenciais. Lembramos que, para Hegel, é a pura ressonância da música que sucede à capacidade pictórica de tudo mostrar. E o destino do cinema, como da sua relação com o destino histórico comum, poderia se situar entre duas ideias de música: a sinfonia bem orquestrada de imagens, que para Canudo, Epstein ou Vertov deveria substituir a antiga linguagem das palavras, e o apelo distante das palavras às imagens que caracteriza suas formas atualmente mais precisas. Se a grande utopia do cinema, nos anos do Outubro Russo e dos modernismos europeus, era substituir as histórias e os personagens do velho mundo pelo registro verídico do homem novo por meio do olhar sem trucagem da câmera, se a banalidade do falante matou esse sonho, a terceira etapa de sua vontade de arte, assim como de seu senso de história, não seria subverter a relação inicial, transformar as imagens no meio adequado para fazer ouvir as palavras, para arrancá-las tanto do silêncio dos textos como da ilusão dos corpos que pretendem encarná-las? Se existe um visível escondido debaixo de um invisível, não é o arco voltaico que o revelará, que o libertará do não ser, mas a encenação das palavras, o momento de diálogo entre a voz que as faz ecoar e o silêncio das imagens que mostram a ausência daquilo que as palavras dizem.

4
Em face do desaparecimento

E assim retornamos à nossa preocupação inicial: o que pode a história, o que pode a imagem cinematográfica, o que podem as duas juntas diante do desejo de que não tivesse acontecido o que aconteceu? O extremo desse desejo, como sabemos, chama-se em alemão *Vernichtung*: redução a nada, isto é, aniquilação, mas também aniquilação dessa aniquilação, desaparecimento dos traços, desaparecimento até do nome. O que caracteriza o extermínio nazista dos judeus na Europa é o planejamento rigoroso tanto do extermínio como da invisibilidade do extermínio. É o desafio desse nada que a história e a arte devem aceitar juntas: apresentar o processo da produção do desaparecimento em relação ao seu desaparecimento. Além disso, sabemos que o negacionismo dispõe de dois recursos: o primeiro é não ver o que, de fato, não é mais visível; o segundo é ampliar o contexto do acontecimento até o ponto em que a especificidade desse desaparecimento desapareça. Existe o negacionismo odioso, que diz que aquilo simplesmente não aconteceu. E existe o negacionismo "honesto", que reivindica para si a vocação da ciência de não constatar, mas explicar. Que razões os nazistas teriam para exterminar os judeus? As mais diferentes respostas se apresentam: a primeira é que eles não tinham razões objetivas, e disso se deduz tacitamente que um acontecimento sem razão de ser talvez não tenha acontecido; a segunda é que eles perderam a razão porque se fanatizaram, o que acontece facilmente com as massas, sobretudo quando estão famintas e são humilhadas, porque as massas são primárias e amam seus líderes, e faz parte da condição do ser humano em geral ser jogado muito cedo no mundo, num estado de dependência e medo que o deixa à mercê de qualquer fantasia mortífera, por exemplo, a de um artista fracassado cuja mãe não foi bem atendida por um médico judeu; a terceira é que a Alemanha estava enfrentando uma ameaça real, o comunismo, do qual muitos representantes eram judeus, daí a construção do inimigo "judeu-bolchevique", em que o verdadeiro adversário era o bolchevique, e o judeu aniquilado era simplesmente o substituto que se tinha à mão. De onde se deduz que a vítima teve o azar de pagar pelo pecado do outro. De onde se pode deduzir também que o preço foi muito alto, mas, de todo modo, a verdadeira culpada é a Revolução Soviética, que obrigou os nazistas a esses horrores, porque ela mesma era apenas horror contagioso.

Mostrar a aniquilação, como faz Claude Lanzmann em *Shoah*, implica juntar uma teoria da história a uma teoria da arte. A teoria da história tomada de empréstimo de Raul Hilberg é simples: a história da destruição dos judeus da Europa é uma história autônoma, que depende da sua lógica própria e não precisa ser explicada por um contexto: "Os missionários cristãos disseram: vocês não têm o direito de viver entre nós como judeus. Os líderes seculares que vieram depois deles proclamaram: vocês não têm o direito de viver entre nós. Por último, os nazistas alemães decretaram: vocês não têm o direito de viver". De onde se deduz a futilidade das eternas imagens de arquivo que mostram desempregados famintos brigando ao redor de um local onde se distribui sopa, fogueiras que se tornam autos de fé ou desfiles de louros fanáticos. Entre essas imagens e o fato do aniquilamento, não se poderá jamais construir outro enredo que não seja o de uma história dos tempos passados, uma história do tempo em que o capitalismo temia o comunismo e não controlava suas crises, do tempo também em que os jovens acreditavam em ideais a ponto de sacrificar a vida por eles, e, mais ainda, a vida dos outros. Uma história de antes da guerra.

Disso se tira a ideia, talvez fácil demais, de que o extermínio é "irrepresentável" ou "infigurável", conceitos que misturam comodamente motivos heterogêneos: a incapacidade conjunta dos documentos verídicos e das imitações ficcionais de dar conta do horror; a indecência ética da representação do horror; a dignidade moderna da arte que se coloca além da representação e a indignidade da atividade artística depois de Auschwitz. Mas escritores-testemunha souberam encontrar palavras à altura do horror. E, certamente, toda imagem mimética ficará aquém do que as palavras dizem. Mas a estética sabe há muito tempo que a imagem, contrariamente ao que crê e faz crer a máquina de informação, sempre mostrará de maneira menos satisfatória do que as palavras tudo que passa da medida: horror, glória, sublimidade, êxtase. Portanto, não se trata, de enfeitar o horror com imagens, mas de mostrar aquilo que, justamente, não tem imagem "natural", a desumanidade, o processo de uma negação da humanidade. É aí que as imagens podem "ajudar" as palavras, fazer ouvir, no presente, o sentido presente e atemporal do que elas dizem, construir a visibilidade do espaço onde ele é audível.

Sendo assim, temos de inverter a célebre frase de Adorno que decretou que a arte é impossível depois de Auschwitz. É o contrário que é verdade: para mostrar Auschwitz depois de Auschwitz, só a arte é possível, porque ela é sempre o presente de uma ausência, porque é a sua missão mostrar um invisível, por meio da força organizada das palavras e das imagens, juntas ou separadas, porque ela é a única capaz de tornar sensível o inumano. E Alain Resnais já confrontava às fotografias dos sobreviventes e dos cadáveres, tiradas na abertura dos campos, o silêncio dos lugares e a indiferença da natureza circundante. Claude Lanzmann radicaliza o projeto excluindo todos os documentos de arquivo e confrontando os testemunhos minuciosos sobre os detalhes da aniquilação – que só podemos contar, mas temos de contar o detalhe sobre o qual pesa o desejo de esquecimento – com paisagens que apagaram qualquer vestígio, isto é, com a simples inumanidade da terra e das pedras. E, já que se trata antes de mais nada de arte, o problema não é banir toda representação, mas saber que modos de figuração são possíveis e, entre eles, que lugar pode ocupar a mimese direta. É por isso que Claude Lanzmann, que não representou o espetáculo do horror, fez as testemunhas repetirem os gestos que marcam precisamente o devir inumano do humano: ele pediu que o cabeleireiro repetisse a última tosa, ao "judeu de trabalho" que cantasse novamente, num barco parecido com aquele do passado, a canção preferida dos carrascos, ao maquinista que conduzisse uma locomotiva parecida com aquela que desembarcava carregamentos de homens e mulheres destinados a morrer na câmara de gás. E o ex-SS, guarda de campo, lembrou espontaneamente o canto de trabalho que os condenados de Treblinka eram obrigados a cantar. Trata-se justamente de reproduzir esses gestos ou canções como tais, expressos por homens que são os mesmos, mas não são exatamente os que eram naquele momento. Trata-se de arrancá-los de todo simulacro de corpo, lugar e tempo "limpo" que os enterrava e situá-los na atemporalidade do seu presente. Trata-se de reservar ao rigor da arte o poder da representação, que é o poder do *mûthos*, capaz de inserir o aniquilamento em nosso presente.

Arnaud des Pallières nasceu muito depois da prisão em massa do Velódromo de Inverno e do campo de Drancy, que ele conheceu sob a sua aparência "atual": a "Cité de la Muette" que ele conheceu depois da guerra, com a função original de servir de moradia barata. Nenhum sobrevivente presta testemunho diante da câmera de *Drancy Avenir* (nome tanto de uma estação de bonde com de uma ideia diferente do tempo, que vai do futuro para o passado). Os testemunhos da prisão em massa, do campo de Drancy e dos campos para onde eles foram enviados são no filme o que são para nós: textos. Por isso a questão da transformação desses textos em ficção se coloca de maneira tão forte. Entendemos pelo termo o dispositivo do seu ordenamento, da voz que os pronuncia, do corpo dessa voz, das imagens que correspondem a eles. A ficção de *Drancy Avenir* se constrói de maneira exemplar como a própria construção do elo entre uma ideia da história e uma potência da arte. Isso pressupõe nada menos que o encadeamento de três níveis de ficção. No primeiro nível situa-se a ficção "realista" de uma aula de história em que o historiador faz os alunos lerem testemunhos de deportados e insere a palavra lida no combate benjaminiano entre duas histórias: a história cumulativa dos vencedores que persegue no mesmo movimento seus próprios "triunfos" e joga sua lembrança no passado; e a força messiânica capaz de fazer brilhar a imagem autêntica do passado no instante presente a fim de reavivar uma centelha de esperança no próprio núcleo dos acontecimentos passados. A essa ficção "realista" do professor, único momento em que é dado corpo à voz narradora, encadeia-se a quase ficção da estudante em busca de memória. Quase ficção, já que a única coisa que a estudante faz é emprestar sua voz (em *off*) à palavra dos textos e seu corpo de passeante ao movimento que conduz as palavras do inumano vivido até as imagens de humanidade capazes de inserir sua marca nelas. Assim, o relato da "garotinha do Velódromo de Inverno" é levado pela pesquisadora ao local da detenção, conduzido até as imagens prosaicas de um apartamento vazio de vida, com toques de uma romântica canção de ninar alemã que manda as crianças dormirem em paz, ratificado no presente pelo olhar implacável de uma garotinha sentada no terraço de um café. O relato da organização do campo é acompanhado de longas panorâmicas dos muros da cidade e planos fechados de empregados diante de computadores; o apelo noturno das crianças é acompanhado de planos em *plongée* de crianças da cidade brincando numa neve semelhante à do quadro *Massacre dos inocentes*, de Bruegel. As imagens dão às palavras o espaço analógico em que sua presença se impõe, conferem à inumanidade do extermínio seu único equivalente aceitável: a inumanidade da beleza.

A quase ficção da estudante também se insere numa ficção da obra de memória que se desdobra em três obras. A primeira, a ficção da vítima, é representada por um fragmento resgatado de *O mercador de Veneza*, de Orson Welles: único corpo que o filme dá aos judeus, mas também, talvez, eco da história do cinema e do século evocada por Godard – a história de "todos os filmes que existiram", todos os filmes aos quais, como aos prisioneiros de Drancy, foi negada a oportunidade de viver. A segunda, a ficção da desumanização, é inspirada no Conrad de *No coração das trevas* e segue o trajeto de barco rio acima, até o ponto em que a civilização conquistadora e a selvageria que ela veio educar se tornam indiferenciáveis. A terceira, a ficção da constância, é encarnada por uma ária de Mozart, *Come scoglio* (Como um rochedo), de *Così fan tutte*, que repete em Berlim o personagem totalmente fictício de uma filha de deportados, imbuída de uma fidelidade inabalável ao dever do canto e à paixão pelo canto alemão, acima de qualquer desgraça ou recordação. A constância de Fiordiligi, como sabemos, não resistirá até a noite. Mas a constância do canto resistirá. E a obra afirma, diante do silêncio, da banalização ou da tentação do indizível, seu poder único de memória.

A constância da arte vem contradizer a máxima de filósofo que afirma que é melhor calar o que não se pode dizer. Máxima que se pretendia crítica, mas que, hoje, condiz um pouco bem demais com aquela dos governantes "realistas", comparando o segredo da sua manutenção à dura lei de um real submetido unicamente à necessidade do possível, e com o niilismo intelectual do fim da história ou das ideologias. O real do nosso século, em seu rigor mais radical, é a ficção que pode comprová-lo. Contanto, é claro, que sua potência seja dissociada da construção da historieta que põe em cena amores e desgraças individuais contra um pano de fundo de grandes paixões e grandes catástrofes coletivas. No fim do século passado, Mallarmé, contra a cena ridícula que propunha às damas e cavalheiros do salão a sua simples falsificação, quis pensar a nova potência de uma ficção que não estivesse mais ligada à crença na existência de um personagem, mas no "poder especial de iludir" próprio de cada arte. Houve um período, nos anos 1920, em que o "poder de ilusão" do cinema, a conjunção do olhar que registra e do olhar que desenha, da radiografia automática e da montagem sinfônica, foi concebido como a de uma arte suprema, enterrando as velharias do homem psicológico e da ficção representativa, para estar à altura do homem novo construtor e coletivo. Hoje, a capacidade do cinema para fazer história aparece relacionada a outra maneira de ficcionar: a que questiona a história do século através da história do cinema e essa própria história através do problema da história organizada pelos signos da arte. Assim, Jean-Luc Godard, em *Alemanha nove zero* ou *História(s) do cinema*, questiona o século pelo diálogo entre a fábrica de sonhos leninista e a fábrica de sonhos hollywoodiana; as imagens da Alemanha socialista sem herdeiros e da Alemanha capitalista por uma frase de Rilke, pela lembrança de

Goethe, a música de Bach ou Beethoven, mas também pela música silenciosa do fonógrafo de *Gente no domingo* ou da morte de Siegfried em *Os nibelungos*, de Lang, pela estátua e os vermes do sovietizado Púchkin ou pela imagem de Quixote ultrapassando em sua cavalgada "utópica" o Trabant[1] avariado do "socialismo real". Ou então, à sombra de um anjo de Giotto, questiona a relação que une o "lugar ao sol" de Elizabeth Taylor,[2] interpretando uma versão cinematográfica de *Uma tragédia americana*, de Dreiser, e o que o diretor George Stevens viu quando foram abertos os campos nazistas. Se a história não se comprova sem a construção de uma ficção heterogênea, é porque ela mesma é feita de tempos heterogêneos, e de anacronismos.

---

1 Carro barato e de baixa qualidade produzido na Alemanha Oriental entre 1957 e 1991. (N. T.)
2 Lançado nos Estados Unidos com o título de *A Place in the Sun* e, no Brasil, *Um lugar ao sol*. (N. T.)

Sentidos e figuras da história

1
Dos quatro sentidos da história

1.1. A história se expressa em diversos sentidos. Reteremos quatro, que podem se combinar de várias maneiras. Em primeiro lugar, ela é a coletânea do que é digno de ser guardado na memória. Não necessariamente o que aconteceu e é comprovado por testemunhas, mas o que, por sua grandeza, merece ser retido, refletido, imitado. A lenda e a crônica sugerem, e Homero mais do que Tucídides. Independentemente do que se diga, não é o acontecimento que está no núcleo dessa história, mas o exemplo. A pintura histórica não é o fragor das batalhas ou o brilho das cortes, mas o velho soldado diante de Belisário e sua tigela, Múcio Cévola estendendo as mãos sobre o fogo, Brutus pensativo no canto da tela, enquanto em segundo plano aparecem pela metade as macas com os corpos de seus filhos. Exemplos de venturas e desventuras, virtudes e vícios. Não tão distante, em certo sentido, do interesse da nova história pelos momentos e gestos que significam uma maneira de ocupar um mundo. Só que a história/memorial não propõe a leitura do sentido de um mundo através de seus signos, mas exemplos a serem imitados. Isso pressupõe uma continuidade entre a cena a ser imitada e o ato de imitar em seu duplo sentido: trabalho do pintor e lição extraída pelo expectador engajado. Se essa cadeia se romper, a função memorial da história é anulada. Aqueles que dizem que devemos olhar com atenção a representação das aberrações do nosso século e refletir sobre suas causas profundas para evitarmos sua repetição só se esquecem de uma coisa: os tempos da história/memória não são os da história/verdade. Daí a estranha inversão que, em nossa época, identifica cada vez mais o memorial ao templo vazio daquilo que deve permanecer sem representação.

1.2. A história se expressa em um segundo sentido. No quadro, um momento específico e significativo da ação prende a atenção. Os movimentos dos personagens convergem para o centro ou fazem seu efeito repercutir até as bordas da cena. Olhares se fixam nele, mãos estendidas apontam para ele, rostos transmitem sua emoção, conversas simuladas comentam seu significado. Em suma, o próprio quadro é história: disposição de ações, fábula significativa dotada de meios de expressão apropriados. Aristóteles opôs a generalidade da poesia e de suas disposições (necessárias ou verossímeis) de causas e efeitos à contingência da narrativa que diz com precisão que tal acontecimento sucedeu a tal outro. Mas a narrativa dos acontecimentos, desde Políbio e Tito Lívio, também se constituiu como apresentação do necessário e do exemplar. A pintura provou, desde o Renascimento, que era "como a poesia". E a "pintura histórica" é, por excelência, a pintura dotada do poder de condensar na representação de um instante privilegiado o poder de generalidade e exemplo da fábula poética. A *história* construída na tela pela composição dos elementos e pela disposição das formas afirma sua coincidência exata com a função memorial e exemplar da história.

Mas essa concordância de duas "histórias" também é a possibilidade de sua dissociação, quando a composição expressiva da tela se afirma à custa da escala de grandezas da representação. Diderot marcou essa dissociação em seu *Salão de 1769*. Greuze, o pintor que transforma em exemplo qualquer cena doméstica, inclina os corpos e os olhares para o pai moribundo, o filho pródigo ou a noiva sábia, não sabe dar a Caracala a grandeza que um imperador romano deve demonstrar em sua atitude, por mais sórdido que seja. A história como composição exemplar de recursos expressivos e a história como coletânea dos grandes exemplos dissociam-se vinte anos antes de os revolucionários pensarem em renovar os exemplos gloriosos da crônica romana. Mas o fracasso do pintor de gênero para se elevar à pintura histórica é também o prenúncio do tempo em que a pintura de gênero, a representação da vida comum, será a manifestação exemplar da historicidade. E os próprios jogos da junção e da disjunção do *exemplum* e da *historia* autorizarão, em nosso século, os jogos da pintura com seus programas. À incapacidade de Greuze de representar a história em sua majestade corresponderá a capacidade do pintor fascista ou soviético de servir a sua causa preocupando-se apenas com a composição dos volumes e a distribuição da luz. Assim fez Deineka com sua *Colcoziana na bicicleta vermelha*, que absorve com a sua "vitalidade" todo o simbolismo da cor, e os seus *Futuros aviadores* representados de costas, diante da epopeia aeronáutica que o braço do mais velho aponta, mas cujas costas nuas prendem inteiramente a atenção, enquanto os hidroaviões diante deles transformam-se em pássaros de um cenário surrealista. "O que me agrada", diz com simplicidade o pintor, "é o homem fazendo gestos amplos." Simetricamente, o valor político atribuído à monumentalidade das formas e à imobilidade da composição permite a Sironi essas estranhas representações oficiais de trabalhadores sem nenhuma intensidade triunfante, como *Trabalho no campo*, em que uma árvore morta serve de cenário ao trabalho de um obscuro cavador.

1.3. Enquanto isso, uma terceira história garantiu sua influência, destruindo a harmonia entre a disposição expressiva de corpos numa tela e o efeito de uma grandeza exemplar transmitida pela cena. Trata-se da História como potência ontológica, na qual toda "história" – todo exemplo representado e toda ação organizada – é incluída. A história como modo específico do tempo, maneira pela qual o próprio tempo se torna princípio organizador dos acontecimentos e de seu significado. A história como movimento orientado para um resultado, definindo as condições e as tarefas do momento, as promessas de futuro, mas também as ameaças para quem desconhece o encadeamento das condições e das promessas; como o destino comum que os homens constroem, mas que só constroem na medida em que se lhes escapa, suas promessas se convertem em catástrofes. Entretanto, se essa história desfaz os jogos ordenados da figura exemplar e da composição expressiva, não é porque está marcada por um signo originário de terror e morte. É simplesmente porque, por princípio, nenhuma ação ou imagem pode ser adequada ao sentido do seu movimento. A característica dessa história é nunca ter cena e imagem que lhe sejam equivalentes. Prova disso é o personagem com os braços em cruz no quadro de Goya, que resiste sozinho, não grita por ninguém, entre dois montes de corpos anônimos que anulam completamente o alcance do seu gesto e o eco de suas palavras: a seus pés, a pilha de fuzilados esmagados contra a terra; diante dele, o grupo compacto dos carrascos, representados de costas, os rostos apagados na curva que vai do alforje ao fuzil. Não é simplesmente a representação dos "horrores da guerra", até então reservada ao gênero menor da gravura, que toma conta da tela. É, sobretudo, a tradição da pintura histórica que se inverte: a disposição dos corpos só faz sentido quando deixa de fazer *história*, quando simula a negação de toda *dispositio* relacionada a uma potência artística. A história não é mais a coletânea dos exemplos. Ela é a potência que subtrai os corpos à virtude da história e do exemplo. É pelo excesso brutal do que aconteceu em relação a qualquer significado que ela se revela. Entretanto, não é o irrepresentável que impõe sua lei. A História não mais se afirma pela composição das atitudes e da exemplaridade da imagem. Afirma-se pela analogia que esses personagens sem consistência compõem dela, como se tivessem nascido do traçado e da matéria pictórica, prontos para serem levados de novo pela potência que os fez nascer do caos da matéria colorida. Em toda massa colorida existe doravante a possibilidade de um corpo e a possibilidade de um sentido de história. Bastará, por exemplo, um fino filete de vermelho ou de azul que faz emergir da pasta espessa de Fautrier a figura do refém.

1.4. Mas essa inversão não esgota o futuro da pintura histórica. Porque ela não esgota o sentido da palavra "história". A História não é apenas essa potência de excesso do sentido em relação à ação que se inverte para demonstrar o contrassenso e remete a forma à matéria da qual ela emerge e ao gesto que a extrai dela. Não é apenas a potência saturniana que devora a individualidade. É também o tecido novo no qual se apanham as percepções e as sensações de cada um. O tempo da história não é apenas o dos grandes destinos coletivos. É aquele em que qualquer um e qualquer coisa fazem história e são testemunho da história. À máscara de cera dos fuzilados do *Três de maio* responde o rosa das faces de *A leiteira de Bordeaux*. O tempo da promessa de emancipação é também aquele em que toda pele se mostra capaz de demonstrar o brilho do sol, todo corpo autorizado a usufruí-lo quando pode e a sentir esse prazer como testemunho de história. Hegel já glorificava na pintura de gênero holandesa a maneira como uma cena de hospedaria ou a representação de um interior burguês traziam a marca da história. Mas, no tempo da História, a pintura de gênero deixa os interiores, as lojas e as hospedarias, invade as pradarias e as florestas, os rios e os lagos reservados aos heróis mitológicos. E, na junção da pintura de gênero e da paisagem mitológica, no sol de *Banhistas na Grenouillère* ou nas sombras de *Uma tarde de domingo na ilha de Grande Jatte*, afirma-se uma outra forma de pintura histórica. A história se mostra banalmente, maravilhosamente, como a matéria-prima na qual se destacam tanto os jogos de luz na água como os jogos de sedução nas margens, as canoas ou os terraços ensolarados, como o princípio vivo da igualdade de todos os temas debaixo do sol.

2
História e representação: das três poéticas da humanidade

Coletânea de exemplos, organização da fábula, potência histórica de destino necessário e comum, tecido historiado do sensível. Ao menos quatro "histórias" se juntam ou se separam, opõem-se ou se entrelaçam, reorganizando diferentemente as relações entre os gêneros pictóricos e os poderes da representação. Na verdade, é muito fácil relacionar dois movimentos: o que afasta a arte da representação e o que transforma a História em potência devastadora, encontrando sua realização nos campos de concentração do nosso século. Sob a proteção de uma declaração precipitada de Adorno, o horror irrepresentável dos campos e o rigor antirrepresentativo da arte moderna não encontram nenhuma dificuldade para celebrar suas bodas retrospectivas. "O que não se pode ver" seria impossível e ilegítimo mostrar. Mas a consequência é falsa. "No se puede mirar", escreve Goya a respeito de um de seus desenhos. Mas acaba fixando a visão. Pois é característica da pintura ver e fazer ver o que não se deixa ver. Um século e meio mais tarde, Music se empenhará em reconstituir os campos de cadáveres de Dachau, como "placas de neve branca" ou "reflexos prateados nas montanhas". Resistir ao destino de extinção e mutismo do campo não é apenas registrar como testemunha fiel as marcas do horror. É cumprir o dever de artista que ordena que o olhar e a mão "não traiam essas formas diminuídas". É ser fiel à missão geral que a arte – figurativa ou não – se impôs desde que se libertou das normas da representação: fazer ver o que não se vê, o que está debaixo do visível: um invisível que é, simplesmente, o que faz com que o visível exista.

É preciso, portanto, complexificar a relação. É bem verdade que a História, no sentido de potência de destino, acontece no momento em que desmorona o edifício representativo clássico, aquele que mantinha a representação sob a lei do *ut poesis pictura*, isto é, sob a lei de uma poética que definia as relações entre duas "histórias", entre o valor exemplar dos temas e as formas adequadas de sua *dispositio*. Mas o contrário do sistema representativo não é o irrepresentável. O núcleo desse sistema não é o único imperativo que se deve imitar e tornar a imagem semelhante ao modelo. Ele se sustenta em duas propostas fundamentais, que definem, uma, as relações entre o representado e as formas de sua representação, e outra, a relação entre essas formas e a matéria em que elas se realizam. A primeira regra é de diferenciação: a determinado tema convêm uma forma e um estilo específicos – estilo nobre da tragédia, epopeia ou pintura histórica para os reis, tom familiar da comédia ou da pintura de gênero para o zé-povinho. A segunda é, ao contrário, de in-diferença: as leis gerais da representação se aplicam igualmente, seja qual for a matéria da representação – língua, tela pintada ou pedra esculpida.

As duas regras são solidárias. A era em que os arranjos do *exemplum* e da *historia* são atropelados por essa nova "história" que os homens fazem sem fazer põe em evidência, com Burke, Diderot e Lessing, a irredutível heterogeneidade dos recursos que cada matéria oferece à expressão. Mas concluímos daí, precipitadamente, que a era da História é a era da *impresentação*[1] sublime, da distância indefinidamente reproduzida entre a ideia e a matéria. A poética da era histórica, ao inverter as duas regras da representação, multiplica os possíveis da figuração, as relações possíveis entre o tema, sua forma e sua matéria. Por um lado, o tema é indiferente, não prescreve nenhuma forma. Todos os representados têm a mesma dignidade, e a potência da obra se sustenta inteiramente no estilo como "maneira absoluta de ver as coisas" (Flaubert), na maneira como o artista, em todos os temas, impõe uma maneira a sua matéria, uma aparência de mundo. Por outro, a matéria não é indiferente. A nuance da língua ou o pigmento pictórico pertencem a uma história da matéria em que toda matéria é uma possibilidade de forma.

A partir daí definem-se as três grandes poéticas que a era da História contrapôs aos cânones da representação e que foram formuladas na literatura e na reflexão sobre a literatura no século XX, antes de tomar forma nas obras e nos manifestos pictóricos do nosso século. Essas três maneiras de identificar a potência da obra a uma potência de história cruzam

---

[1] "Imprésentation" é um neologismo composto por Alain Badiou na obra *L'être et l'événement*, de 1988. (N. T.)

diversamente as quatro histórias que tentamos isolar, e podem cruzar seus princípios e efeitos. Procuraremos qualificá-las aqui, independentemente das "escolas" específicas que as encarnaram e dos monopólios que essas escolas reivindicaram sobre tal nome ou conceito.

2.1. A primeira poética, que poderíamos chamar de *simbolista/abstrata*, leva o mais radicalmente em conta o colapso do universo representativo e determina como missão histórica da arte que ela o substitua por uma ordem equivalente: uma ordem que opere um sistema de ações equivalente ao da antiga *mimesis* e desempenhe na comunidade um papel equivalente às pompas abolidas da representação. À imitação das coisas ou dos seres ela contrapõe a expressão exata das relações que os ligam, o traçado dos "ritmos da ideia", capazes de servir à criação de um novo ritual, consolidando o dever que une "a ação múltipla" dos homens. Encontramos a expressão conceitual e plástica desses termos da poética e da política próprios da "ação restrita" mallarmeana na arte abstrata, de Kandinsky a Barnett Newman.

2.2. A segunda poética está ligada muito particularmente à revogação do princípio de in-diferença da matéria. Ela identifica a potência de obra e de história à demonstração incontestável da potência de forma e de ideia imanente a toda matéria. Essa poética da natureza, como "poema inconsciente" (Schelling), situa a obra na continuidade do movimento por meio do qual a matéria já se dá forma, desenha sua própria ideia nas dobras do mineral ou na marca do fóssil, e avança na direção de formas cada vez mais elevadas de expressão e simbolização de si. Convencionamos em chamar de *simbolista expressionista* essa poética cujos traços são estabelecidos pelos textos teóricos de Auguste Schlegel e as obras "naturalistas" de Michelet. Esses termos definem menos os traços das escolas homônimas do que possíveis elementos pictóricos que atravessam as escolas e os gêneros. Essa pode ser a maneira pela qual o "tema" próprio da obra emerge da matéria pictórica espessa, na pintura "política" *Homenagem aos Rosenberg*, de Asger Jorn, ou a maneira pela qual ele desaparece nela nas telas "apolíticas" da *Action painting*. Essa pode ser a des-figuração pela da qual Otto Dix, para exprimir a verdade de uma guerra, registrou na imutabilidade lamacenta de uma mesma decomposição os corpos vivos, os cadáveres amontoados e a matéria inerte. Mas, sobretudo, essa poética define um dos procedimentos fundamentais por meio dos quais a arte do século XX se pôs "em dia com a história", ou seja, o jogo de metamorfoses pelo qual o representado, a matéria e a forma mudam de lugar e trocam suas potências.

2.3 A terceira poética enfatiza a falência da relação entre a forma e o tema. Ela não tira partido apenas da igualdade de todos os representados, mas, de modo mais amplo, das inúmeras formas que pode assumir a des-subordinação das figuras à hierarquia dos temas e das disposições. O princípio flaubertiano "Yvetot vale tanto quanto Constantinopla" não diz apenas que um tema menor equivale a um tema maior, se o que importa é apenas a maneira do artista. Ele diz, mais profundamente, que sempre se pode fazer Constantinopla aparecer na representação de Yvetot e o vazio infinito do deserto do Oriente na estreiteza e na umidade de uma sala de fazenda normanda. Convencionemos em chamar essa poética de *(su)realista* para indicar o seguinte: o "realismo" não é o retorno à banalidade das coisas reais contra as convenções representativas. Ele é o sistema global das variações possíveis dos índices e valores de realidade, das formas de ligação e desligação entre as figuras e as histórias que se tornam possíveis por sua falência. Chamamos de "realismo mágico" o devir fantástico da frieza "documental" da nova objetividade, transplantada em terras holandesas. Mas o realismo e a magia são solidários logo de partida. Quando Carel Willinck instala suas figuras solitárias em trajes de *soirée* em ruínas pompeianas feitas de papel machê, ele nada mais faz do que inverter o gesto inicial de Flaubert, transpondo o mural antigo e oriental de *A tentação de Santo Antônio* para cenas de hábitos contemporâneos. Além disso, a própria eliminação da barreira entre o sonho e a realidade não passa de uma transformação particular em meio ao conjunto de des-figurações e re-figurações que definem o realismo como sempre possuído pelo *(su)realismo*.

A era da História não é, portanto, a era de uma pintura conduzida por seu movimento próprio e pela catástrofe do mundo vivido na direção da rarefação e da afasia. Ela é, ao contrário, a era da proliferação dos sentidos de história e das metamorfoses que permitem encenar sua representação. Retomemos o célebre texto em que Kurt Schwitters descreve a criação do *merz*[2] logo após a Primeira Guerra Mundial.

---

2 Palavra sem sentido inventada pelo artista dadaísta alemão Kurt Schwitters para descrever suas obras de colagem e *assemblage* baseadas em materiais descartados recuperados. (N. T.)

> Eu precisava berrar a minha alegria mundo afora. Por razões de economia, peguei o que consegui encontrar, pois éramos um povo mergulhado na miséria. Também se pode criar utilizando lixo, e foi o que fiz colando e pregando [...]. De todo modo, a desgraça era geral, e tratava-se de construir coisas novas a partir de escombros.

A situação histórica excepcional, que deixa somente os escombros do passado e o lixo do cotidiano para criar o hino ao futuro é também ocasião para unir numa única radicalidade as três poéticas da modernidade: pôr a construção das relações no lugar da reprodução das coisas; utilizar não apenas a igualdade de todos os representados, mas também a capacidade de toda matéria de se tornar forma e tema. O bricabraque dos sótãos e das lixeiras pode ocupar o lugar das cores do pintor numa pintura "abstrata" que é imediatamente pintura histórica, e que o é enquanto pintura de gênero radicalizada: a vida comum representada – isto é, suplantada – por seus próprios materiais, pelos dejetos do que torna sua textura concreta. Mas o bilhete de bonde, a tampa de lata ou o recorte de jornal colados na tela não são apenas "marcas de história"; eles são elementos metamórficos, que podem muito bem ser temas, formas ou materiais. Se todo objeto é imediatamente potência de tema, de forma ou de matéria, não é somente, como se dirá às vezes um pouco apressadamente na era *pop*, por seu valor "documental", que faz dele o suporte de uma função crítica. É porque, na era da história, todo objeto possui uma vida dupla, contém uma potência de historicidade no núcleo mesmo de sua natureza de objeto perceptivo e familiar. A história tecido sensível das coisas substitui a história potência de destino. Ao liberar a história/exemplo e a história/composição de sua submissão à representação, ela multiplica os possíveis figurativos aos quais, consequentemente, pertencem todas as formas da des-figuração. Além disso, essa multiplicação sustenta as diferentes formas de historicização da arte, tornando compossíveis dois "destinos da arte": o projeto construtivista/unanimista de "transformar o mundo inteiro numa gigantesca obra de arte" (Schwitters), mas também seu aparente contrário: o projeto crítico de uma arte que suprime sua própria mentira para revelar a mentira e a violência da sociedade que a produz. Realização e autossupressão da arte andam juntas, porque é característico da história como potência de destino que toda forma existente vise a uma realização idêntica a sua própria supressão. E a era da História confere também a toda matéria informe, como a toda escrita estabelecida, a possibilidade de se metamorfosear em elemento do jogo das formas. A era da antirrepresentação não é a era do irrepresentável. É a era do grande realismo.

3
Das três formas de pintura histórica

3.1. A partir daí poderíamos, sem ter a pretensão de esgotar o tema, definir três maneiras com as quais a arte do nosso século enfrentou a história, isto é, combinar os sentidos de história e seus possíveis elementos pictóricos ou plásticos. A primeira seria a maneira analógica, que faz coincidir um determinado sentido da história, da missão que ela impõe ao artista e dos temas que ela lhe propõe, com o movimento próprio à organização dos elementos pictóricos. Arte simbólica, portanto, por propor um *análogon* da história e identificar esse *análogon* com a apresentação da arte por si mesma, do movimento que traduz a ideia em formas coloridas ou faz emergir a figura da matéria pictórica.

Mas o próprio simbolismo assume duas aparências diferentes: uma, em que o símbolo é signo que adquire sentido e corpo através de um ritual; outra, em que o símbolo é parte destacada de um todo, estado de um movimento que apresenta e significa, ao mesmo tempo, esse movimento. Simbolismo abstrato ou expressionista, dissemos. No primeiro caso, estaria a lógica "mallarmeana" de um Barnett Newman. Segundo ele, a pintura posterior às duas guerras mundiais não pode mais pintar flores, nus deitados ou violoncelistas como se nada tivesse acontecido. Mas também não pode mais se dedicar ao puro jogo das formas sem significado, que seria a aceitação da desordem norte-americana no mundo. Resta, portanto, conceber a tela como a organização da ideia em elementos plásticos, que são também os elementos de um ritual religioso. A faixa preta sobre fundo cinza de *Abraão* ou a faixa vermelha sobre fundo marrom de *Aquiles*, ambos "canais de tensão espiritual", enfrentam o caos das guerras mundiais ou a simples anarquia norte-americana, criando na tela um espaçamento da ideia análogo ao da página mallarmeana.

O simbolismo, em compensação, assume a sua aparência expressionista na série *Reféns*, de Fautrier, em que o refém representado é também o refém da potência de apresentação pictórica: uma linha de cor imprecisa desenhando a curva que vai do nariz à boca, multiplicando ou subtraindo olhos ao redor dessa linha central, passando do oval regular do ovo à linha pontilhada que delimita o empastamento opaco do *Fuzilado*, o qual não lembra mais uma forma humana, mas sim a *Paisagem* de 1944. Esses jogos da des-figuração inserem a pintura de um "tema histórico" na grande *mimesis* por meio da qual o movimento da matéria pictórica rumo à expressão imita o movimento da matéria viva que adquire forma, a marca da samambaia fossilizada na pedra ou a volta do animal mortal ao mineral. Sem dúvida, entre esses dois simbolismos situam-se as pinturas "políticas" de Manessier, em que a multiplicidade regular das pequenas manchas luminosas superpostas à vontade sobre um fundo escuro simboliza a tensão espiritual de uma homenagem abstrata ao padre combativo Hélder Câmara ou destaca as favelas apinhadas do seu país.

3.2 A essa construção de símbolos ou *análoga* da história contrapõe-se uma segunda maneira. Ela opera num outro tipo de metamorfose, aquele que, no mundo tradicional, transforma continuamente as imagens em signos e os signos em imagens. Pintura *mitológica*, poderíamos dizer, entendendo o termo no sentido barthesiano. Essa maneira tira partido do caráter *artificial* de toda imagem da História e do caráter histórico de toda reprodução de um estado de coisas qualquer. Ela tira partido, em suma, do retorno permanente da grande história, com seus retratos, símbolos ou discursos, e a pequena história, com sua exibição de mercadorias, lixo ou retratos de família, ou com a exposição de suas fantasias e fetiches, da equivalência, em última instância, da historicização generalizada e do "fim da história". A proliferação estatal e comercial de imagens/signos oferece um repertório infinito de *exempla* do qual uma *disposição* – uma encenação – específica deve revelar a duplicidade: a imagem que é o signo ou o signo que é a imagem, a majestade política que é mentira comercial ou o anúncio comercial que é mentira política, o extraordinário que é ordinário ou o banal que é fabuloso. Seu repertório é composto das imagens oficiais dos grandes deste mundo ou dos retratos aurais de seus ídolos, os instantâneos históricos capturados pelo aparelho fotográfico, as imagens do cotidiano que se parecem com os anúncios e as fantasias da mercadoria, os símbolos do poder ou as imagens históricas que se tornaram signos indiferentes ou objetos de reciclagem.

Reduzir todo *exemplum* a sua banalidade de imagem e objeto comum, elevar toda imagem banal à potência do exemplo. Duplicar a imagem para que ela admita sua duplicidade, desviá-la para revelar seu outro lado são as armas essenciais dessa maneira, que encontra na colagem dadaísta sua principal força motriz e nas inúmeras formas e desvios da *pop art* sua realização como crítica da imagem/signo coextensiva ao seu domínio. É trabalho sobre as variações e as combinações da imagem – reprodução, ícone, ídolo: multiplicação banalizante da imagem do governante ou da estrela (Warhol), deslocamento da imagem oficial do jovem Mao na praça de São Marcos (Erro), combinação do retrato da Miss América 68 e do instantâneo do prisioneiro vietnamita baleado (Vostell), mumificação adicional do retrato mumificado de Brejnev (Bulatov). É trabalho também sobre os símbolos históricos: horizonte vermelho/tapete vermelho do mesmo Bulatov, bandeira norte-americana pintada/repintada de Jasper Johns, símbolos da Revolução Francesa restaurados por Polke nos textos publicitários do bicentenário; quadro histórico alterado por Larry Rivers, revelando a estranheza emblemática do *George Washington atravessando o Delaware* por meio do jogo de perspectivas opostas. O mesmo Larry Rivers inverte a banalização fotográfica do *Último veterano da Guerra de Secessão*, repintando-a com suas cores cruas e perspectivas estranhas, e ressuscita o valor histórico esquecido no ícone de um Napoleão de papel-moeda ou a era dourada da Holanda na imagem de *Os síndicos da guilda dos fabricantes de tecido*, que serve de emblema a uma marca de charuto. São ainda os diferentes tratamentos do anúncio publicitário ou político: o entalhe superficial pelo qual Rotella traz de volta as imagens da mercadoria dominante ou das estrelas lendárias; o jogo de superposições pelas quais Villéglé investiga as imagens e as mensagens de uma campanha eleitoral; a dilaceração que, em Raymond Hains, reduz imagem e signo à dispersão de fragmentos coloridos que revelam o suporte de chapa metálica. É ainda o jogo emblemático nas mensagens escritas: páginas de jornal quase apagadas de Morris ou escondidas por cabeças de negros nos *Vanilla Nightmares* de Adrian Piper, letras realçadas de Polke ou monumentalizadas por Bulatov sobre imagens oficiais do unânime Comitê Central ou do universo soviético. É, enfim, a reexposição da pintura por ela mesma. Assim, o quadro de Equipo Cronica encena a *Visita a Guernica* no espaço surrealista de um museu em que as figuras saem do quadro: o braço com o candeeiro atravessa a tela, fragmentos caídos no chão da sala, um corpo que se levanta. Interpretar a metamorfose contínua das imagens artísticas e das imagens do mundo, a pintura reinterpreta sua própria história.

3.3. É talvez de forma mais discreta que ela o faz na terceira maneira, que não tira mais partido da construção dos símbolos ou do comentário das imagens/signos, mas dos possíveis da figura. Essa maneira se inspira na poética que chamei de (su)realista: ela utiliza todas as transformações da figura e as relações entre as figuras que caracterizam uma figuração livre das regras da representação. Lembramo-nos do dilema da figuração apresentado por Sartre. De um lado, o pintor autêntico dos horrores do século repeliria a

Beleza e o espectador. De outro, o "traidor" que pintasse um campo de concentração como se pinta uma compoteira seria igualmente infiel à exigência da arte e da história. A tradição (su)realista não tardou a encontrar a saída para esse dilema. Ela não pinta os horrores da guerra ou das ditaduras, não os deixa de lado em favor de compoteiras ou formas simplesmente coloridas. Ela pinta o que não provoca nem horror nem indiferença: o devir-inumano do tema humano. "Ausência humana no homem." A frase é de De Chirico, evocando a imagem daquilo que nenhum homem viu: uma paisagem da era terciária. De Chirico diz que encontrou essa paisagem de antes do homem nas paisagens historicizadas de Böcklin, Poussin ou Lorrain. Mas é a ela que retornam, através de seu devir vegetal e mineral, os combatentes da Primeira Guerra Mundial sob o pincel de Otto Dix. Do mesmo modo como os manequins e as perspectivas urbanas "metafísicas" do mesmo De Chirico ganham vida em *Rua de Praga* ou vários outros quadros, unindo a fúria expressionista e a frieza da "nova objetividade" para marcar a monstruosidade da sociedade. Do mesmo modo como se condensarão novamente no realismo mágico ou no surrealismo para produzir as pinturas históricas de um novo gênero que marcam um período histórico e auscultam uma civilização, inserindo personagens modernos em um ambiente antigo ou virgens antigas em estações ferroviárias ou praças flamengas. Ilustradores de Spengler como Carel Willinck, leitores dos clássicos do sonho, de Dali a Masson ou Bellmer, testemunhas de acusação do colapso da democracia na Alemanha, de Dix ou Grosz a Nussbaum ou Hofer, pintam o que poderíamos chamar, desvirtuando mais uma vez um termo de De Chirico, de fantasma da história.

A ausência do humano no homem é assinalada de mil maneiras: pelas deformações da caricatura e da montagem que revelam a ferocidade do animal ou a estupidez do vegetal na figura do dirigente, como as fotomontagens de Berman ou Heartfield; pelas metamorfoses e simulacros da figura humana, como as máscaras de gás de Dix que se transformam em máscaras teatrais ou mortuárias; pela retomada da iconografia das vaidades, dos grotescos ou das danças de morte, de Mafai a Nussbaum; pelas equivalências plásticas entre as caretas do poder e os jogos pictóricos. André Bazin explicou como *O ditador* solucionou um caso de roubo de bigode entre Chaplin e Hitler. Do mesmo modo, um caso de traços pictóricos roubados e por recuperar dá vida ao perfil caricaturesco de Kokoschka (*O vermelho ovo*), o traço esquemático dos desenhos de Klee (*Heil* ou *Närrische Jugend*), a máscara de pierrô de Hitler em Dix *(Máscaras nas ruínas)* ou sua figura anonimizada e diluída na multidão em Nussbaum (*A tempestade*).

Foi também o "apolítico" De Chirico que batizou um dos grandes procedimentos da pintura "(su)realista" histórica: a "solidão plástica" das figuras, ou seja, a dissociação criada entre a sua *disposição* e o seu valor *exemplar*. Pintar o "inumano" é dispor os lugares e as figuras de uma pintura histórica que se nega. No *Campo de São Cipriano*, de Nussbaum, todos os elementos parecem reunidos para uma cena significativa. O autor descreve sua experiência, captada ao vivo. Ele distribui os grupos de figuras segundo as leis da composição. E, no primeiro plano, dispõe o cenário "concreto" de uma aula de geografia que reúne quatro figuras alegóricas extraídas da Hagadá: o mau, o sábio, o indiferente e o ingênuo. O problema é que as figuras não têm entre si nenhuma das relações pressupostas por sua disposição: a expressão real/alegórica se congela em uma careta de máscara, os olhares não se cruzam, perdem-se algures, em lugar nenhum. A disposição anula a história que ela contava e a fábula que ela despertava em si para esclarecê-la. A humanidade, representada de maneira realista, é uma humanidade que se retira; como o rosto do *Judeu na janela*, rosto menos de vítima, assustada ou resignada, do que de vidente, já retirado da humanidade, testemunha de uma catástrofe mais espantosa do que horrível. Olhar que renuncia à compreensão e, com isso, deixa o inumano exposto, para além de qualquer banalização.

Assim, a desmesura vivida da história encontra incessantemente a sua expressão pictórica. No fim da Primeira Guerra Mundial, De Chirico renova a pintura histórica ao repintar a mais emocionante das partidas para o combate: a despedida de Heitor e Andrômaca, substituídos simplesmente por manequins. Nos anos 1940, o exilado judeu Felix Nussbaum pinta, em seu esconderijo em Amsterdã, com figuras expressionistas imóveis, a alegoria dos campos e da morte que as esperam, enquanto às margens do lago de Constança Karl Hofer as espectraliza à sua maneira, na disposição placidamente inumana dos painéis perpendiculares e dos personagens nus e solitários de *O quarto preto*. Em 1990, o filho de imigrantes judeus Larry Rivers, o mesmo que desmistificou a iconografia de Washington, pinta dois retratos tranquilamente simbólicos de Primo Levi, testemunha dos campos. Num deles, a figura do escritor se divide para permitir que o rosto do prisioneiro apareça. No outro, o movimento da sua mão expõe a paisagem dos muros e as silhuetas das vítimas. Sobreimpressão emprestada do cinema, decomposição do movimento emprestada de seu ancestral, a cronofotografia de Marey. A história não cansa de se meter em histórias.

Filmes citados

A felicidade
Aleksandr Medvedkin, União Soviética, 1935

A saída dos operários da Fábrica Lumière
Irmãos Lumière, França, 1895

Alemanha nove zero
Jean-Luc Godard, França, 1991

Arbeiter Verlassen die Fabrik [Os operários saem da fábrica]
Harun Farocki, Alemanha, 1995

Dinamite
Daniele Segre, Itália, 1994

Drancy Avenir
Arnaud des Pallières, França, 1996

Elegia a Alexandre
Chris Marker, França, 1993

Fortini/Cani [Fortini/Cães]
Jean-Marie Straub e Danièle Huillet, Itália, 1976

Gente no domingo
Robert Siodmak e Edgar G. Ulmer, Alemanha, 1929

História(s) do cinema
Jean-Luc Godard, França, 1989

Imagens do mundo e inscrições da guerra
Harun Farocki, Alemanha, 1988-1989

Ivan, o Terrível
Serguei Eisenstein, União Soviética, 1944-1958

Le fantôme Efremov [O fantasma Efremov]
Iossif Pasternak, França, 1992

Les mots et la mort: Prague au temps de Staline [As palavras e a morte: Praga nos tempos de Stálin]
Bernard Cuau, França, 1996

Mãe Dao
Vincent Monnikendam, Holanda, 1995

Noite e neblina
Alain Resnais, França, 1955

O homem que ouvia a Grã-Bretanha
Humphrey Jennings, Grã-Bretanha, 1941

O violino de Rothschild
Edgardo Cozarinsky, França/Suíça/Finlândia/Hungria), 1996

Os nibelungos
Fritz Lang, Polônia, 1924

Shoah
Claude Lanzmann, França, 1985

Só a mulher peca
Fritz Lang, Estados Unidos, 1952

Videogramas de uma revolução
Harun Farocki e Andrej Ujica, Alemanha, 1991-1992

SOBRE O LIVRO

Formato: 12 x 21 cm
Mancha: 18,5 x 44,5 paicas
Tipologia: Iowan Old Style 10/14
Papel: Off-white 80 g/m² (miolo)
Cartão Supremo 250 g/m² (capa)
1ª edição Editora Unesp: 2018

EQUIPE DE REALIZAÇÃO

Capa
Marcelo Girard
Imagem: *Formula of the Petrograd Proletariat*, de Pavel Filonov

Edição de texto
Mariana Echalar (Copidesque)
Ricardo Inácio dos Santos (Revisão)

Editoração eletrônica
Sergio Gzeschnik (Diagramação)

Assistência editorial
Alberto Bononi
Richard Sanches